PORTUGUÊS? SIM, OBRIGADO

2

Mais de 1000 palavras ilustradas
com jogos e actividades

EUROPEAN LANGUAGE INSTITUTE

Português? Sim, obrigado 2

- Ilustrado por vários artistas
- Texto original de ELI Srl
- Texto português de Ivete Colaço
  e Gabinete Técnico de Editora Replicação, Ld[a]

ISBN 88-8148-071-9

Impresso em Itália por Tecnostampa Srl, Loreto

Após o êxito obtido com o primeiro volume de "**Português? Sim, obrigado**", tanto entre professores como entre alunos, publica-se agora este segundo volume, o qual, acreditamos, será igualmente bem recebido.

Esta publicação, preparada por uma equipa de especialistas, tenciona ser um agradável complemento na aprendizagem e compreensão do vocabulário e da gramática.

Através de 15 ilustrações de diversas situações familiares, que vão desde o campo ao mar, do desporto à música, etc., é-nos dado a conhecer o respectivo vocabulário.

Cada ilustração é seguida de 4 páginas com vários jogos e exercícios para aplicação do vocabulário já aprendido. Um dos principais objectivos pretendidos com este método é evitar a aprendizagem pela tradução dando maior importância à visualização das palavras.

Graças à sua simplicidade, este livro poderá ser usado pelo aluno, em casa, especialmente durante as férias, como um prático e agradável teste à língua estrangeira estudada durante o ano lectivo.

Cada capítulo e respectivos exercícios são independentes, não apresentando um grau de dificuldade elevado conforme se vai avançando, permitindo, assim, escolher o tema de que mais se gosta ou que melhor se adapta ao tema em estudo.

Face ao êxito obtido com o primeiro volume de «Português 2 Sim», partilhado tanto entre professores como entre alunos, publica-se agora este segundo volume, o qual acreditamos será igualmente bem recebido.

Esta publicação, preparada por uma equipa de especialistas, tenciona ser um agradável complemento na aprendizagem e compreensão do vocabulário e da gramática.

Através de 15 ilustrações de diversas situações familiares, que vão desde o [illegible] ao mar, do desporto à [illegible], [illegible] a nós cabe-nos conhecer o respectivo vocabulário.

Cada ilustração é seguida de 4 páginas com vários jogos e exercícios para aplicação do vocabulário aprendido. Um dos principais objectivos pretendidos com [illegible] a aprendizagem pela [illegible] dando maior [illegible] e visualização das palavras.

Graças à sua simplicidade, este livro poderá ser usado pelo aluno em casa, especialmente durante as férias, como um prático e agradável [illegible] à língua estrangeira estudada durante o ano lectivo.

Cada capítulo e respectivos exercícios são independentes, apresentando um grau de dificuldade elevado conforme se vai avançando, permitindo, assim, escolher o tema de que mais se goste ou que melhor se adapte ao tema em uso.

NO CAMPO

campo de cultivo
caminho
aldeia
árvore
ramos
pedra
raposa
carro
porta
arbusto
tronco
faróis
"capot"
cogumelos
erva
pássaro
bola
flores
porta-bagagens
banco
roda
matrícula
ninho
volante
folha

ponte
monte
prado
charco
floresta
cana de pesca
lago
vacas
barco
pescador
peixe
rio
copo de papel
cavalo
cadeira
mesa
manta de viagem
jornais
termo
guardanapos
geleira

ONDE ESTÁ O PÁSSARO?

Encontra estas palavras. Usa as letras que sobram para responder à questão.

O	F	P	A	E	R	O	V	R	A
S	L	S	A	R	B	U	S	T	O
C	O	G	U	M	E	L	O	S	T
A	R	P	A	O	R	O	E	I	E
V	E	E	S	N	T	■	O	A	R
A	S	S	A	T	N	D	O	N	R
L	T	C	N	E	A	D	O	R	A
O	A	A	T	R	O	N	C	O	V
I	N	D	P	E	I	X	E	J	L
F	L	O	R	N	I	N	H	O	E
H	■	R	O	P	O	N	T	E	R

- ☒ ponte →
- ❑ arbusto →
- ❑ terra ↓
- ❑ peixe →
- ❑ pescador ↓
- ❑ flor →
- ❑ relva ↑
- ❑ monte ↓
- ❑ cavalo ↓
- ❑ prado ↗
- ❑ cogumelos →
- ❑ ninho →
- ❑ jornais ↑
- ❑ árvore ←
- ❑ tronco →
- ❑ roda ←
- ❑ floresta ↓

* _ _ _ _ _ _ _ _ _   _ _ _ _   _ _   _ _ _ _ _ _

PALAVRAS CRUZADAS NO CAMPO

A HISTÓRIA DE UMA ÁRVORE

Descobre a frase correcta para cada figura e escreve o número correspondente nos quadrados

1. Está cheia de frutos.
2. Tem lindas flores.
3. É toda branca.
4. As folhas estão a mudar de cor.
5. Os seus frutos começam a aparecer.
6. Está a nevar!
7. Tem pequenas folhas verdes. ✓
8. As suas folhas estão a cair.

RISCA UMA PALAVRA

Em cada um destes grupos há uma palavra que não fica bem junto das outras. Procura-as.

LAGO	RIO	BARCO	CHARCO
"CAPOT"	ÁRVORE	RODA	BANCO
CAVALO	PÁSSARO	TRONCO	RAPOSA
PEDRA	CADEIRA	MESA	GELEIRA
FLORES	PRADO	CAMPO	ERVA
RAMO	TRONCO	FOLHA	LAGO

NA PRAIA

autocarro
cadeira de descanso
chapéu de sol
vestiário
toalha
colchão
nadador-
-salvador
fato de banho
seixos
praia
óculos de sol
areia
bóia

pinhal
mar
farol
ilha
gaivota
ondas
touca de banho
barco a remos
colchão de borracha
loção para o sol
chapéu
barbatanas
estrela do mar
algas
peixe
rocha
máscara de mergulho
conchas
caranguejo

TESTA A TUA MEMÓRIA

Olhaste com atenção para a figura das páginas 12 e 13? Agora responde se é verdadeiro ou falso.

	V	F
1. Há um nadador-salvador na praia.	☒	☐
2. Alguém está a pescar.	☐	☐
3. Algumas crianças estão a jogar.	☐	☐
4. Está muito nevoeiro.	☐	☐
5. Há um peixe debaixo da rocha.	☐	☐
6. Há um pinhal na figura.	☐	☐
7. Os chapéus de sol são amarelos.	☐	☐
8. Há um farol à distância.	☐	☐
9. Há quatro chapéus de sol na praia.	☐	☐
10. Há uma bóia a flutuar no mar.	☐	☐
11. Uma gaivota está pousada no chapéu de sol.	☐	☐
12. Alguém está a tomar banhos de sol.	☐	☐

CORES DE VERÃO

Escreve os nomes das coisas que na figura são:

BRANCAS ______________________

____

VERMELHAS ______________________

____

AMARELAS ______________________

____

AZUIS ______________________

____

CASTANHAS ______________________

____

LARANJAS ______________________

____

VERDES ______________________

____

UM PUZZLE

Escreve os nomes destes objectos no diagrama.
As letras nos quadrados cinzentos formam ...

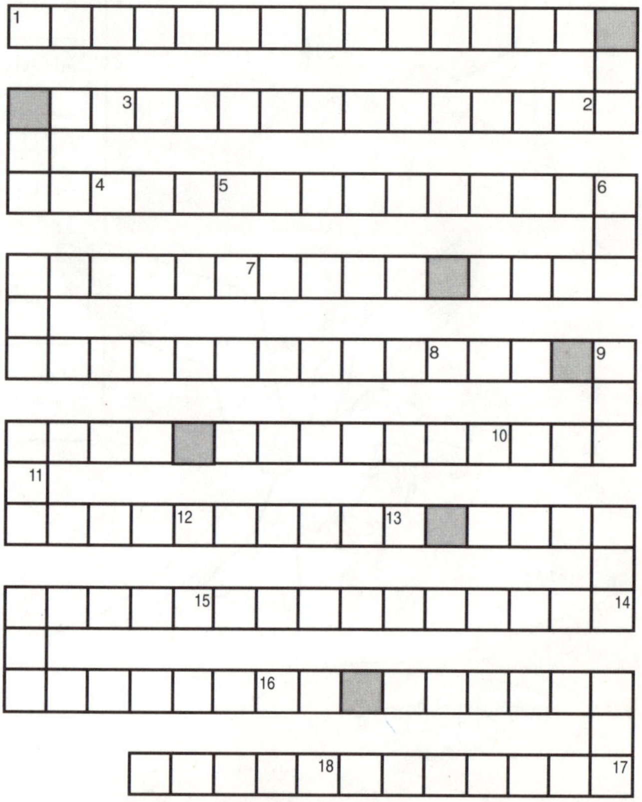

_ _ _ _ _ _ _ _ _

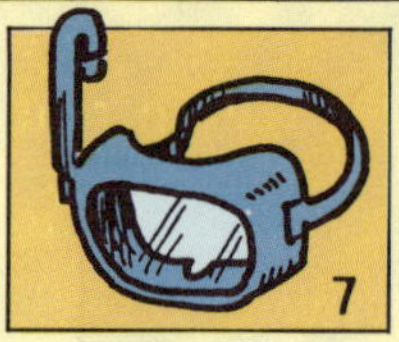

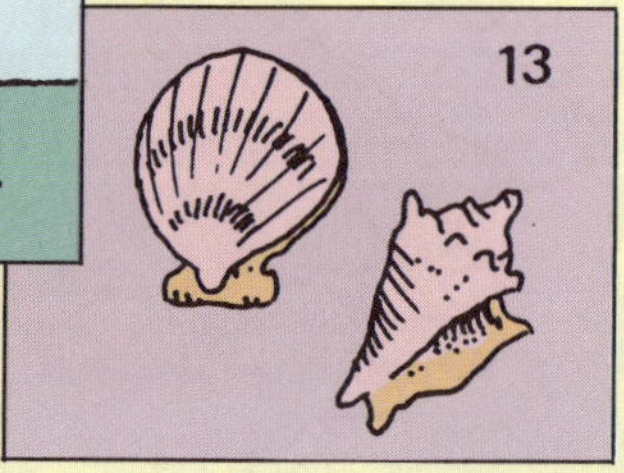

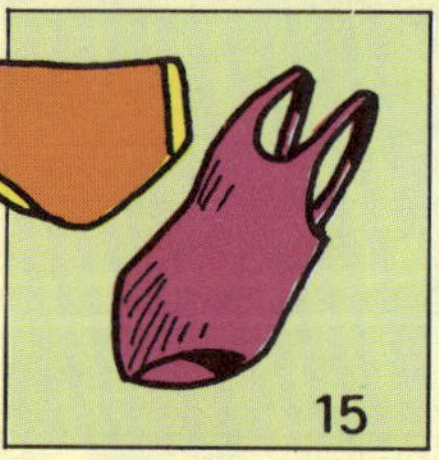

À PROCURA DA PALAVRA

Encontra as palavras. O que dizem as letras que sobram?

```
B F A R O L A H C O R
S A E O A H C L O C S
A A R U S A G L A G E
N U O C C H A P E U I
A T T C O S A T O D X
T O O O A A S I ■ E O
A C A N R ■ R A A I S
B A L C E R R E D R ■
R R H H I A A P M N P
A R A A A M R A I O O
B O A S E X I E P ■ S
```

- ☒ autocarro ↓
- ☐ praia ↖
- ☐ algas ←
- ☐ peixe ←
- ☐ barbatanas ↑
- ☐ chapéu →
- ☐ mar ↑
- ☐ farol →

- ☐ seixos ↓
- ☐ rocha ←
- ☐ barco a remos ↘
- ☐ areia ↓
- ☐ conchas ↓
- ☐ colchão ←
- ☐ toalha ↓
- ☐ ondas ↖

* _ _ _ _ _ _ _ _ _ _ _ _ _ _ !

NAS MONTANHAS

pista de esqui jipe

boneco de neve elevador hotel

esquis bastões de esqui luvas bolas de neve corvo

gorro de lã

refúgio lareira

esquiador revistas

cão S. Bernardo jornal

montanha
esquiador
instrutor de esqui
abetos
teleférico
"bobsleigh"
óculos de sol
trenó
neve
botas de esqui
calças

anco esquilo
águia
cartas de jogar
bar
25
xadrez
banco
dados
damas
balcão

FRASES CORTADAS

Põe estas palavras na devida ordem.

fazer crianças um estão a As

As crianças estão a fazer um boneco de neve.

ramo um

há Naquele Olha!

está O Roberto

a jogar

estão Onde

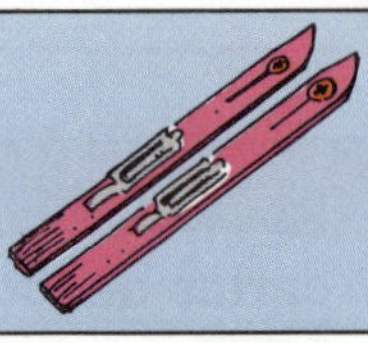

os meus ?

vamo-nos sentar

junto da gelado, Estou

frio Está lá fora, tuas

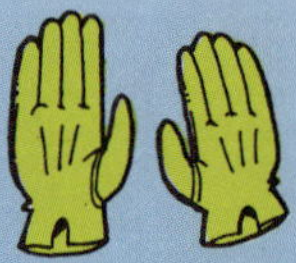

leva as

Vamos brincar com o

FIGURAS IDÊNTICAS

Olha para os objectos das duas figuras cuidadosamente. Se eles forem exactamente iguais procura o seu nome no quadrado ao lado.
As letras que sobram indicam um provérbio português.

B	A	S	T	O	E	S	D	E
M	R	Q	R	I	A	U	E	E
E	I	M	E	G	R	E	E	S
V	E	S	N	U	I	P	S	Q
U	P	E	O	F	E	R	Q	U
N	U	A	S	E	R	A	U	I
E	O	M	P	R	A	V	I	R
E	T	A	L	C	L	U	L	A
N	C	A	O	C	U	L	O	S

*□□□□ □□□□□□ □□□□□□ □□□□□□□

PALAVRAS CRUZADAS ILUSTRADAS

NO SÍTIO CERTO

- [x] bar
- [ ] teleférico
- [ ] xadrez
- [ ] balcão
- [ ] corvo
- [ ] dados
- [ ] damas
- [ ] águia
- [ ] lareira
- [ ] montanha
- [ ] cartas
- [ ] neve
- [ ] boneco de neve
- [ ] esquilo
- [ ] cão S. Bernardo
- [ ] cadeira

NO REFÚGIO

bar

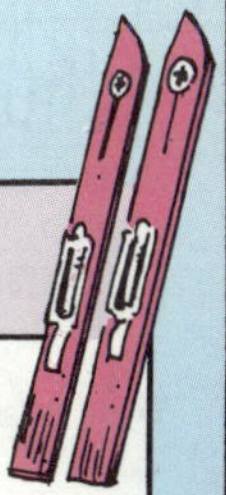

NO EXTERIOR

ANIMAIS

JOGOS

NA LOJA DOS ANIMAIS

Quantos cães vês?

EXPOSIÇÃO DE CÃES

Olha para estas duas figuras com atenção. O que falta na segunda figura?

- tijela
- _ _ _ t _
- _ _ _ h _ _ _ _
- _ o _ _ _ _ _ _
- _ ε _ _ _ _
- _ o _ _ _ _ _
- _ _ _ _ t _
- _ _ n _
- _ _ o
- _ _ _ _ v _

JOGA COM ELES

S	O	T	I	U	Q	I	R	I	P
O	M	A	C	A	C	O	S	P	A
P	A	P	A	G	A	I	O	P	A
O	G	A	H	A	M	S	T	E	R
I	T	A	R	T	A	R	U	G	A
R	O	I	O	I	C	A	O		E
A	T	S	N	N	A	O	L	A	X
N	A	D	O	H	L	E	O	C	I
A	G	R	C	O	B	R	A	A	E
C	P	A	S	S	A	R	O	S	P
M	S	O	R	R	O	H	C	A	C

Procura os animais. O que dizem as letras que sobram?

☒ pássaros → ❑ peixe ↑ ❑ cachorros ←

❑ piriquitos ← ❑ hamster → ❑ coelho ←

❑ canário ↑ ❑ gatinho ↓ ❑ cobra →

❑ gato ↑ ❑ macaco → ❑ tartaruga →

❑ cão → ❑ papagaio →

__ __________ ___ ______!

A COBRA MAROTA

Procura dezassete animais e as suas «casas» na cobra marota

QUEM É DONO DE?

Lê as frases e tenta encontrar o animal que pertence a cada pessoa.

Joana João Paulo Lena

O animal da Joana não tem penas.

O animal da Lena não usa coleira.

Nem o João nem o Paulo têm um gato.

O animal do João não fala, mas tanto o do Paulo como o da Lena falam.

O animal da Lena é branco.

A FAMÍLIA EM CASA

A CASA
chaminé
telhado
porta
janela
varanda
escadas
almofada
cortinas
garagem
carro
relva
banco
avô
O JARDIM
cão
gato
o (rapaz)
avó
aquário com
peixinhos

ONDE ESTÁ O SIMÃO?

Em cada figura, escreve onde está o Simão.

- ❏ varanda
- ☒ casa de banho
- ❏ quarto
- ❏ jardim
- ❏ garagem
- ❏ cozinha
- ❏ sala de estar
- ❏ telhado

Na casa de banho. No ....

Na .... Na .... No ....

Na .... No .... Na ....

UM PUZZLE

N
Q U E
D ERT
M
ES
O
E
GO
A
D
E
DO
AZ
A
D
F
T
DE
D
TR
T
MI
I
N
SE
O
SEU
R
E
CON
C
N
A
NQ
U
D
M
S
N
M
UM MU

PALAVRAS CRUZADAS COM OBJECTOS

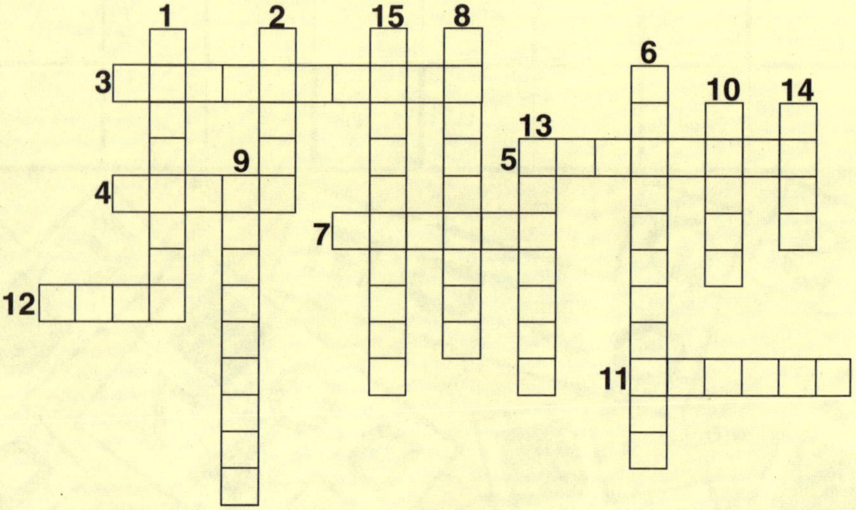

NO SÍTIO CERTO

☒ poltrona ❑ banco ❑ carro

❑ carpete ❑ chaminé ❑ cão ❑ porta

❑ garfo ❑ frigorífico ❑ relva ❑ forno ❑ quadro

❑ telhado ❑ lava-loiças ❑ sofá ❑ janela

CASA

____

____

____

____

JARDIM

____

____

____

____

COZINHA

____

____

____

____

SALA DE ESTAR

poltrona

____

____

____

A COZINHA

Quantos electrodomésticos vês nesta figura?

relógio
frigorífico
armário
balança
garrafa
frasco
aspirador
avental
ferro
pires
chávena
cadeira
prato
colher
espremedor
copo misturador
tesoura
garfo
faca

FILA DE PALAVRAS

Escreve as palavras no esquema.
As letras com um círculo à volta formam o nome da parte mais fria do frigorífico.

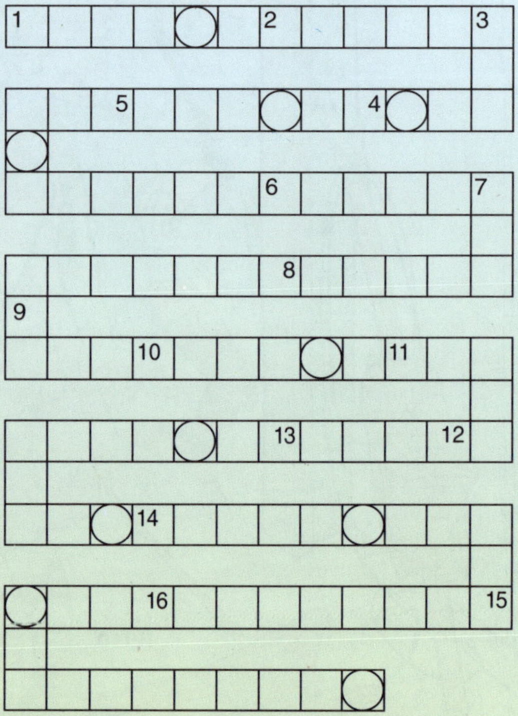

* _ _ _ _ _ _ _ _ _ _ _

MAS QUE CONFUSÃO!

Olha para a figura com atenção e responde às perguntas.

	Sim	Não
1. A loiça foi lavada?	☐	☒
2. O almoço foi feito?	☐	☐
3. A maçã foi descascada?	☐	☐
4. O forno foi utilizado?	☐	☐
5. O copo misturador foi utilizado?	☐	☐
6. A tábua de pão foi utilizada?	☐	☐
7. O espremedor foi utilizado?	☐	☐
8. O passador foi utilizado?	☐	☐
9. A torradeira foi utilizada?	☐	☐
10. Há facas na mesa?	☐	☐
11. Há alguma tesoura?	☐	☐

O QUE É QUE FALTA?

A) .... B) .... C) ....

D) .... E) ....

HORA DO ALMOÇO

Qual o alimento preferido de cada um destes animais?

M _ _	_ _ _ XE	_ _ _ OU _ _ S	_ U _ _ _ O

PALAVRAS CRUZADAS

1. Serve para abrir uma garrafa de vinho.
2. Serve para beber.
3. Se não tiveres uma, não podes estrelar ovos.
4. Usa-se para cortar.
5. É onde cozemos os bolos.
6. Conserva os alimentos frios.
7. Serve para espremer limões e laranjas.
8. Com ela fazemos torradas.
9. Serve para ferver água.
10. Com ele picamos os alimentos.
11. Corta papel e tecido.
12. Serve para passar a roupa.
13. Nele cozinhamos os alimentos.

UM MERCADO ESTRANHO

PEIXARIA
peixe
balança
carne
FLORISTA
uma rosa
uma tulipa
um cravo
um malmequer

SALADA DE PALAVRAS

Junta as peças deste puzzle para descobrires as palavras.

peixe

NO SÍTIO CERTO

☒ bananas ❏ feijão verde ❏ talho

❏ cravo ❏ cerejas ❏ margarida ❏ peixaria

❏ florista ❏ frutaria ❏ alface ❏ laranjas

❏ batatas ❏ rosa ❏ morangos

❏ tomates ❏ tulipa

FLORES

____

____

____

____

FRUTA

bananas

____

____

____

VEGETAIS

____

____

____

____

LOJAS

____

____

____

____

UM MERCADO ESTRANHO

Procura as palavras que se seguem no esquema em baixo.
Forma uma frase com as letras que sobrarem.

E	C	S	A	L	S	I	C	H	A	S	M
V	S	A	T	A	T	A	B	R	O	S	A
U	O	C	A	R	N	E	M	E	P	A	R
O	Q	R	S	A	R	U	O	N	E	C	G
C	U	B	A	N	A	N	A	S	R	A	A
C	E	R	E	J	A	S	S	F	A	M	R
R	I	E	M	A	L	A	S	L	S	R	I
A	J	U	T	S	P	A	F	F	A	Z	D
V	O	B	A	I	R	A	T	U	R	F	A
O	E	M	L	A	C	S	E	X	I	E	P
S	A	U	U	E	D	S	E	R	O	L	F
E	T	O	M	A	T	E	O	H	L	A	T

- ☒ alface ↙
- ❑ couve ↑
- ❑ cravos ↓
- ❑ margarida ↓
- ❑ tomate →
- ❑ talho ←
- ❑ flores ←
- ❑ batatas ←
- ❑ rosa →
- ❑ carne →
- ❑ cenouras ←
- ❑ queijo ↓
- ❑ frutaria ←
- ❑ tulipas ↗
- ❑ bananas →
- ❑ cerejas →
- ❑ laranjas ↓
- ❑ peras ↓
- ❑ maçãs ↑
- ❑ salsichas →
- ❑ salame ←
- ❑ peixe ←

* _ _ _ _ _   _ _ _ _ _   _ _ _   _ _ _   _   _ _ _ _ _!

PALAVRAS CRUZADAS ILUSTRADAS

UMA VOLTA PELA CIDADE

rua

casas

edifícios

escola

cinema

lojas

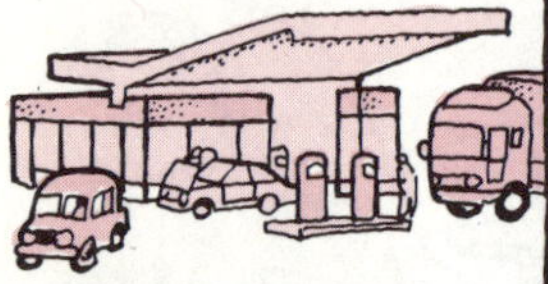

estação de serviço

mercado ao ar livre

Câmara Municipal
arranha-céus
castelo
parque
monumento
hospital
Banco
Correios
fonte
fábrica
parque de
estacionamento
restaurante
supermercado

FRASES QUEBRADAS

Coloca as palavras na ordem correcta, para formares frases.

escola  Para ir para a apanho o

1 Para ir para a escola apanho o METRO.

Vamos ao um bom filme.  Há

2

as minhas compras  no Faço sempre

3

 Ao domingo num comemos

4

é perto João A  do do parque.

5

à  vai ter comigo em frente O Luís

6

em frente do uma fonte Há 

7

QUAL A RESPOSTA CERTA? Responde às perguntas e escreve as letras correspondentes, nos quadrados em baixo. Se as respostas estiverem certas, as 7 letras formarão o nome de uma cidade portuguesa.

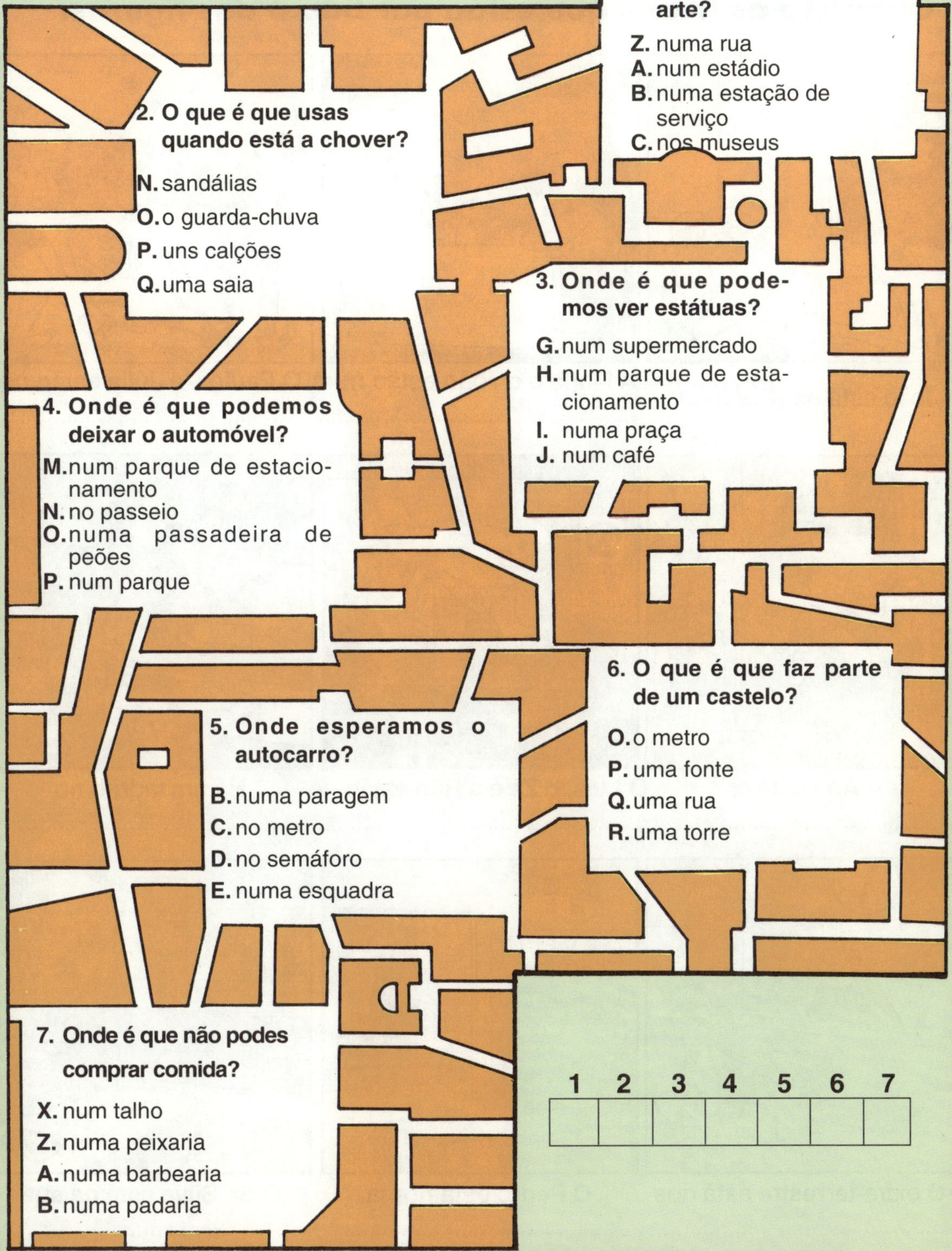

1. Onde é que estão expostas as obras de arte?

Z. numa rua
A. num estádio
B. numa estação de serviço
C. nos museus

2. O que é que usas quando está a chover?

N. sandálias
O. o guarda-chuva
P. uns calções
Q. uma saia

3. Onde é que podemos ver estátuas?

G. num supermercado
H. num parque de estacionamento
I. numa praça
J. num café

4. Onde é que podemos deixar o automóvel?

M. num parque de estacionamento
N. no passeio
O. numa passadeira de peões
P. num parque

5. Onde esperamos o autocarro?

B. numa paragem
C. no metro
D. no semáforo
E. numa esquadra

6. O que é que faz parte de um castelo?

O. o metro
P. uma fonte
Q. uma rua
R. uma torre

7. Onde é que não podes comprar comida?

X. num talho
Z. numa peixaria
A. numa barbearia
B. numa padaria

1	2	3	4	5	6	7

ONDE ESTÃO ELES?

Completa as frases que estão por baixo das figuras.

O João está na ESCOLA

A Maria e o João estão num ....

O Paulo e a Júlia estão no ....

A Ana está em ....

O Luís, o Zé e a Rita estão no ....

Há um ladrão no ....

O extra-terrestre está nos ....

O Pedro está numa ....

O Sr. Silva está na sua ....

NA CIDADE

MEIOS DE TRANSPORTE

desvio
gasolineiro
bomba de gasolina
estação de serviço
curva
bicicleta
sinais de trânsito
estrada
tractor
carro de bombeiros
essoa a
edir boleia
motociclista
camioneta
motociclo
faixa de emergência
lícia sinaleiro
motorizada
capacete de protecção
furgoneta
carro de corridas

TESTA A TUA MEMÓRIA

Olhaste com atenção para a figura das páginas 54 e 55? Agora responde se é verdadeiro ou falso.

	V	F
1. A motorizada é vermelha	☐	☒
2. Há uma escavadora perto do desvio	☐	☐
3. Houve agora mesmo um acidente	☐	☐
4. Não há semáforos na estrada	☐	☐
5. Há uma pessoa a pedir boleia na estrada	☐	☐
6. A rapariga da motorizada tem capacete de protecção	☐	☐
7. A estação de serviço está fechada	☐	☐
8. Aproxima-se um carro da polícia	☐	☐
9. Um homem está a olhar para um mapa das estradas	☐	☐
10. Há um tractor parado debaixo do túnel	☐	☐
11. Há um automóvel no desvio	☐	☐
12. Os bombeiros estão a extinguir um incêndio	☐	☐

TENS BOA MEMÓRIA?

Procura no esquema os nomes dos 15 meios de transporte que estão numerados na figura.

C	O	D	A	L	E	R	T	A	M	O	C	O	A	I	M	A	C
A	T	J	I	P	E	F	A	I	C	N	A	L	U	B	M	A	A
M	R	O	M	S	A	U	T	O	C	A	R	R	O	Q	V	I	R
I	A	T	A	X	I	R	N	E	B	I	C	I	C	L	E	T	A
O	C	N	B	F	U	R	G	O	N	E	T	A	Q	T	A	C	V
N	T	E	M	O	T	O	C	I	C	L	E	T	A	S	V	I	A
E	O	T	G	U	X	N	H	J	E	T	T	O	L	U	O	R	N
T	R	I	Z	V	O	E	L	E	V	O	M	O	T	U	A	E	A
A	E	U	Q	N	A	T	O	T	U	A	B	F	J	E	R	X	V
C	A	R	R	O	D	E	B	O	M	B	E	I	R	O	S	N	O

O QUE É QUE FALTA?

Escreve a palavra que falta em cada uma das frases.

1. Há um incêndio: chamem os ..bombeiros....
2. O .... está vermelho: tens de parar.
3. O motociclista tem um .... na cabeça.
4. É tempo de férias: preparemos a ....
5. Este senhor não está bem, chamem a ....
6. Preciso de gasolina, onde é a ....
7. Anda mais devagar, é uma .... perigosa.
8. Deves atravessar a rua na ....
9. Houve um acidente, chamem a ....
10. O .... está a orientar o trânsito.
11. Dentro do .... deve-se acender os faróis.
12. Estamos atrasados, vamos chamar um ....!

A MENSAGEM SECRETA.

O agente secreto XYZ está a comunicar uma mensagem cifrada. Para a descobrires decifra o código.

CÓDIGO

1	N
2	O
3	P
4	Q
5	R
6	S
7	T
8	U
9	V
10	W
11	X
12	Y
13	Z
14	A
15	B
16	C
17	D
18	E
19	F
20	G
21	H
22	I
23	J
24	K
25	L
26	M

19.14.25.14 - 14.20.18.1.7.18 - 11.12.13 - 6.22.20.2 - 8.26.14 - 26.2.7.2.5.22.13.14.17.14 - 9.18.5.26.18.25.21.14 - 4.8.18 - 6.18.20.8.18 - 8.26 - 14.8.7.2.26.2.9.18.25 - 14.13.8.25 - 4.8.18 - 6.18.20.8.18 - 8.26.14 - 19.8.5.20.2.1.18.7.14 - 9.18.5.17.18 - 18 - 8.26 - 14.8.7.2.16.14.5.5.2 - 14.26.14.5.18.25.2 - 6.18.20.8.18 - 26.18

Fala ....

O QUE SÃO ELES?

carteiro	motorista	taxista
canalizador	operário	gasolineiro	mecânico
médica		cabeleireira	
dentista	veterinário	agricultor	músico

barbeiro
polícia
professor
engenheiro
bombeiro
cozinheiro
empregado de mesa
fotógrafo
secretária
vendedor de jornais
comerciante
modista
piloto
estudante
dona de casa

O SEU A SEU DONO

Combina as palavras das duas colunas segundo o seu significado.

1. avião
2. quadro
3. autocarro
4. máquina fotográfica
5. caixa registadora
6. escova do cabelo
7. cartas
8. agulha
9. jornal
10. panela
11. saxofone
12. seringa
13. telefone
14. tractor
15. bandeja

a) cozinheiro
b) modista
c) motorista
d) agricultor
e) cabeleireira
f) músico
g) vendedor de jornais
h) fotógrafo
i) piloto
j) carteiro
k) secretária
l) comerciante
m) professor
n) veterinário
o) empregado de mesa

AS PROFISSÕES

PALAVRAS ESCONDIDAS

Procura todas as palavras no esquema.
As letras restantes formam um provérbio.

O	A	O	M	O	D	I	S	T	A	C	I	E
R	C	O	M	E	R	C	I	A	N	T	E	T
I	D	O	N	A	D	E	C	A	S	A	S	N
E	O	O	C	I	N	A	C	E	M	M	E	A
B	P	O	L	I	C	I	A	O	S	E	C	D
R	A	T	S	I	X	A	T	T	I	D	R	U
A	M	U	S	I	C	O	D	O	A	I	E	T
B	D	E	E	A	R	M	A	L	E	C	T	S
D	C	O	Z	I	N	H	E	I	R	O	A	E
R	O	S	S	E	F	O	R	P	O	S	R	V
F	O	T	O	G	R	A	F	O	I	C	I	I
O	A	G	R	I	C	U	L	T	O	R	A	S

- ☒ secretária ↓
- ☐ comerciante →
- ☐ mecânico ←
- ☐ modista →
- ☐ médico ↓
- ☐ taxista ←
- ☐ cozinheiro →
- ☐ agricultor →
- ☐ piloto ↑
- ☐ polícia →
- ☐ estudante ↑
- ☐ dona de casa →
- ☐ professor ←
- ☐ músico →
- ☐ barbeiro ↑
- ☐ fotógrafo →
- ☐ motorista ↙

* _

_ _ _ _ _ _ _

S.O.S.

Quem pode ajudar as personagens destas figuras?

NOS TEMPOS LIVRES

correr
andar a cavalo
jogar voleibol
fazer patinagem
jogar futebol
jogar ténis
fazer esqui
nadar
desenhar
ler
andar de bicicleta
fotografar

PALAVRAS ESCONDIDAS

Procura todas as palavras da lista no esquema.
As letras restantes dão o nome de uma actividade interessante.

A	R	A	I	U	Q	S	E	T	C	A	B
N	R	E	V	E	R	C	S	E	O	U	I
D		P	T	O	C	A	R	L	L	D	C
A	X	A	D	R	E	Z	E	E	E	E	I
R	A	T	N	I	P	R	T	V	C	S	C
A	S	I	N	E	T	O	C	I	C	E	L
C	O	N	M	A	L	H	A	S	I	N	E
A	R	A	D	A	N	L	A	A	O	H	T
V		R	E	R	R	O	C	O	N	A	A
A	F	O	T	O	G	R	A	F	A	R	
L	O	B	E	T	U	F	N	T	R	E	S
O	S	E	O	C	U	R	T	S	N	O	C

- ☒ andar a cavalo ↓
- ☐ esquiar ←
- ☐ televisão ↓
- ☐ construções ←
- ☐ coleccionar ↓
- ☐ xadrez →
- ☐ pintar ←
- ☐ ler ↙
- ☐ ténis ←
- ☐ fotografar →
- ☐ escrever ←
- ☐ desenhar ↓
- ☐ futebol ←
- ☐ patinar ↓
- ☐ malha →
- ☐ bicicleta ↓
- ☐ nadar ←
- ☐ tocar →
- ☐ correr ←

* COLECCIONAR _ _ _ _ _ _ _ _ _ _ _ _ _ _

MÍMICA **Escreve o que cada pessoa está a fazer.**

A Joana está a ....jogar ténis..........

O Rui está a ....

O Jorge está a ....

O Carlos está a ....

O João está a ....

A Catarina está a ....

O André está a ....

A Isabel está a ....

O José está a ....

TESTA A TUA MEMÓRIA

Olhaste com atenção para a figura das páginas 66 e 67? Agora responde se é verdadeiro ou falso.

	V	F
1. A rapariga está a tirar uma fotografia	☒	☐
2. A avó está a fazer malha	☐	☐
3. Dois homens estão a jogar xadrez	☐	☐
4. Um rapaz está a ler na sala de estar	☐	☐
5. Algumas crianças estão a jogar futebol	☐	☐
6. Um menino está a ver TV no seu quarto	☐	☐
7. O pai colecciona selos	☐	☐
8. Dois rapazes estão a escrever	☐	☐
9. Lá fora, um menino está a observar os passarinhos	☐	☐
10. Há um esquiador	☐	☐
11. Alguém está a pintar	☐	☐
12. Um atleta está a correr	☐	☐

UM PUZZLE

Junta as peças deste puzzle e lê a mensagem.

NO JARDIM

folhas
ovo
lagarta
pássaro
ninho
ÁRVORE
fruto
ramo
tronco
raízes
horta
sebe
arbustos
ancinho
borboleta
gerânio
minhoca
caracol
escada
forquilha
formiga
enxada
sementes
terra
plantas
violetas

á um rato escondido na gravura. Consegues descobri-lo?

O JARDIM DA ANA

Procura no esquema as palavras assinaladas na figura.

C	O	R	T	A	R	E	L	V	A
F	Q	O	Z	P	A	E	O	R	N
O	T	S	E	M	E	N	T	E	S
L	R	A	M	O	L	X	N	G	T
H	P	L	A	N	T	A	S	A	E
A	F	R	U	T	O	D	V	D	R
S	U	P	A	S	S	A	R	O	R
V	I	O	L	E	T	A	M	R	A
B	F	C	A	N	C	E	L	A	X

ONDE ESTÁ A ANA?

Adivinha as palavras do esquema. A figura das páginas 72 e 73 ajudar-te-á. As letras nos quadrados cinzentos dir-te-ão onde está a Ana.

* _ _ _ _ _ _ _ _ _ _ _ _ _ _ _

A VIDA DE UMA MACIEIRA

Olha bem para a figura e depois põe as frases na ordem correcta.

A. A árvore está cheia de maçãs. ......7............

B. Nascem as primeiras folhas. ....

C. A Ana deita as sementes na terra. ....

D. A árvore está em flor. ....

E. A árvore já está bem alta. ....

F. As primeiras raízes crescem a partir da semente. ....

G. É altura de colher as maçãs. ....

H. Agora a árvore já tem tronco e ramos. ....

NO SÍTIO CERTO

☒ formiga ❑ abelha ❑ banco

❑ pássaro ❑ lagarta ❑ margarida ❑ forquilha

❑ gerânio ❑ erva ❑ enxada ❑ relvado ❑ ancinho ❑ rosa

❑ pá ❑ corta-relva ❑ árvore ❑ tulipa ❑ violeta

❑ minhoca ❑ arbustos

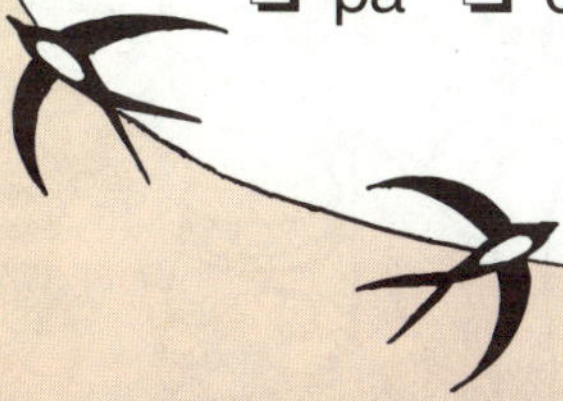

UTENSÍLIOS DE JARDINAGEM

FLORES

JARDIM

ANIMAIS

formiga

UMA FESTA DE ANOS

irmão
irmã
primos
chocolates
bolachas
maçãs
bananas
balão
laranjas
gato
crianças
batatas fritas
bebidas
amendoins
máquina fotográfica
avó
tia
tio

A FAMÍLIA

Escreve o parentesco destas personagens no esquema. Nos quadrados cinzentos poderás ler o nome do nº. 12.

* _ _ _ _ _

PALAVRAS ESCONDIDAS

Procura as palavras da lista no esquema. Lê depois as restantes letras.

B	E	B	I	D	A	S	S	O	L	O	B
A	V	O	S	L	T	E	O	A	G	S	A
T	I	A	E	A	S	T	M	M	P	E	L
A	I	O	T	R	E	A	I	R	R	D	A
T	R	A	R	A	F	L	R	I	E	N	O
A	M	V	A	N	S	O	P	T	S	A	I
F	A	O	T	J	O	C	D	E	E	S	T
R	G	E	L	A	D	O	A	O	N	F	A
I	Z	M	E	S	R	H	A	O	T	P	N
T	O	A	D	I	S	C	O	S	E	A	S
A	R	E	B	U	C	A	D	O	S	I	G

☒ festa ↑
☐ irmã ↓
☐ tia →
☐ bolos ←
☐ bebidas →
☐ gato ↖
☐ chocolates ↑
☐ primos ↑

☐ gelado →
☐ cão ↘
☐ avô →
☐ laranjas ↓
☐ pai ↓
☐ mãe ↓
☐ presentes ↓
☐ discos →

☐ sandes ↑
☐ irmão ↑
☐ rebuçados →
☐ tio ↑
☐ batata frita ↓
☐ balão ↓
☐ avó ↓
☐ tartes ↑

* _ _ _ _ _ _   _ _   _ _ _ _ _ _   _ _ _ _!

SALADA DE PALAVRAS

| BOL | + | ACHAS | = BOLACHAS |

CHOC BEB LADO
BO ÇADOS BOL ✓
DES ANJAS BAN TE

TAR SAN LAR REBU
GE IDAS ACHAS ✓
OLATE LO ANAS

1. bolachas
2. ....
3. ....
4. ....
5. ....
6. ....
7. ....
8. ....
9. ....

QUEM SÃO ELES? Completa as frases.

O Roberto é o meu ......pai......

A Margarida é a minha ....

O Jorge é meu ....

A Joana é minha ....

O Francisco é meu ....

O António é meu ......tio......

A Isabel é minha ....

O Paulo é meu ....

A Guida é minha ....

A Liliana é minha ....

UM NATAL COM MÚSICA

- *Sabes tocar um instrumento musical?*
- *O que sabes tocar?*
- *Sabes cantar?*
- *Gostas de música clássica?*

PALAVRAS ESCONDIDAS

Procura estas palavras no esquema.

C	A	S	S	E	T	E		A
F	L	E	P	A	L	C	O	I
L	T	P	A	U	T	A	I	R
M	I	C	R	O	F	O	N	E
Z	F	D	I	S	C	O	N	T
T	A	N	M	U	S	I	C	A
E	L	S	O	T	A	R	P	B
C	A	N	T	O	R	A	A	T
L	N	O	C	I	L	B	U	P
A	T	R	O	M	B	O	N	E
S	E	A	R	O	B	M	A	T
L	S	A	X	O	F	O	N	E

- ☒ bateria ↑
- ☐ altifalantes ↓
- ☐ música →
- ☐ cassete →
- ☐ público ←
- ☐ palco →
- ☐ tambor ←
- ☐ trombone →
- ☐ cantora →
- ☐ notas ↖
- ☐ disco →
- ☐ teclas ↓
- ☐ saxofone →
- ☐ pratos ←
- ☐ pauta →
- ☐ microfone →

O que dizem as restantes letras?

* _ _ _ _ _   _ _ _ _ _

DIÁLOGO INCOMPLETO
O SEU A SEU DONO
Completa a história. Escolhe as frases correctas da lista dada.
TEATRO
HOJE concerto de Rock
Está tudo pronto para o concerto?
Os instrumentos estão todos aqui.
Eu sou o guitarrista.
A. Aqui tem a sua guitarra
B. ....
Esta, é a minha bateria.
Sou Carlos, o teclista do grupo.
C. ....
O que é isto?
D. ....
Sou o cantor. O que tem para mim?
E. ....
1. Aqui tem as suas teclas.
2. Tem aqui os seus fãs!
3. É o meu saxofone.
4. Aqui tem a sua guitarra.
5. Você é o baterista?

CAÇA AO INTRUSO

Em cada um destes grupos há um elemento estranho. Descobre-os. A primeira letra de cada um deles formará o nome de um instrumento musical.

TROMBONE	HARPA	SAXOFONE	TROMPETE
PIANISTA	GUITARRISTA	ALTIFALANTES	BATERISTA
MICROFONE	NOTAS	ESTANTE	PAUTA
CASSETTE	DISCO	COMPACTO	NOTA
TAMBOR	BOMBO	PRATOS	CORNETA

*_ _R_Ó_I_A

MENSAGEM SECRETA

Para decifrar a mensagem secreta tens de decifrar o código.

1	N	14	A
2	O	15	B
3	P	16	C
4	Q	17	D
5	R	18	E
6	S	19	F
7	T	20	G
8	U	21	H
9	V	22	I
10	W	23	J
11	X	24	K
12	Y	25	L
13	Z	26	M

BEM ______________________________

____

____

____

____

____

A CASA ÀS 8 DA MANHÃ

cachecol
fato de treino
blusa
camisolas
pijama
roupa interior
mala
peúgas
chinelos
cinto
saia
sapatos
guarda-chuva
roupão de banho

TESTA A TUA MEMÓRIA

Olhaste com atenção para a figura das páginas 90 e 91?
Agora responde se é verdadeiro ou falso.

	V	F
1. A rapariga tem um roupão de banho	☐	☒
2. O avô está a vestir a gabardine	☐	☐
3. A mamã está a falar com o papá	☐	☐
4. A avó tem meias vermelhas	☐	☐
5. O papá vai sair	☐	☐
6. O papá não usa gravata	☐	☐
7. O rapaz ainda está de pijama	☐	☐
8. Há um chapéu no sofá	☐	☐
9. O avô tem o chapéu na cabeça	☐	☐
10. Há um vestido no chão	☐	☐
11. A rapariga está pronta para a escola.	☐	☐
12. A mamã traz um lenço na cabeça.	☐	☐

QUEM É QUEM ?

Lê as frases e identifica as pessoas que aqui estão.

A **Ana** gosta de andar de cachecol.	1. .... Joana ....
A **Isabel** pensa que vai chover.	2. ....
A **Catarina** tem as luvas calçadas.	3. ....
O **Francisco** traz um anoraque.	4. ....
O **Manuel** está com a sua velha gabardina.	5. ....
A **Joana** tem peúgas vermelhas.	6. ....
O **Luís** veste-se sempre de branco.	7. ....
O **Carlos** nunca sai sem gravata.	8. ....

ESTÁ A CHOVER

1. ....
2. ....
3. ....
4. ....
5. ....

PALAVRAS CRUZADAS

Escreve as palavras seguindo o seu tamanho.

4 LETRAS

- ☐ fato
- ☐ saia
- ☐ mala

7 LETRAS

- ☐ vestido
- ☐ gravata

5 LETRAS

- ☐ blusa
- ☐ luvas
- ☐ jeans
- ☐ meias
- ☐ lenço
- ☐ cinto

8 LETRAS

- ☐ camisola
- ☐ cachecol
- ☐ anoraque

6 LETRAS

- ☐ calças
- ☐ casaco
- ☐ camisa
- ☐ roupão
- ☐ pijama
- ☐ chapéu
- ☐ peúgas

9 LETRAS

- ☐ gabardina

SOLUÇÕES

Página 8: O pássaro está no ninho.
Página 9: 1. árvore, 2. aldeia, 3. pedra, 4. rio, 5. pássaro, 6. ponte, 7. lago, 8. monte, 9. arbusto, 10. floresta, 11. flor.
Página 10: A7, B2, C5, D1, E4, F8, G6, H3.
Página 11: barco, pássaro, tronco, pedra, flores, lago.
Página 14: 1. verdadeiro, 2. falso, 3. verdadeiro, 4. falso, 5. verdadeiro, 6. verdadeiro, 7. falso, 8. verdadeiro, 9. verdadeiro, 10. verdadeiro, 11. falso, 12. verdadeiro.
Página 15: *Brancas*: gaivota e ondas. *Vermelhas:* chapéu de sol e estrela do mar. *Amarelas:* sol e areia. *Azuis:* mar e colchão de borracha. *Castanhas:* rocha e barco. *Laranjas:* concha e toalha. *Verdes:* barbatanas e bóia.
Página 16: 1. cadeira de descanso, 2. chapéu de sol, 3. toalha, 4. mar, 5. vestiário, 6. óculos de sol, 7. máscara de mergulho, 8. ilha, 9. rocha, 10. estrela do mar, 11. ondas, 12. farol, 13. conchas, 14. caranguejo, 15. fatos de banho, 16. barbatanas, 17. gaivota, 18. peixe: *nadador.*
Página 17: Eu gosto de ir à praia!
Página 20: As crianças estão a fazer um boneco de neve. / Olha! Naquele ramo há um esquilo. / O Roberto está a jogar xadrez. / Onde estão os meus esquis? / Estou gelado, vamo-nos sentar junto da lareira. / Está frio lá fora, leva as tuas luvas. / Vamos brincar com o trenó.
Página 21: Quem espera sempre alcança.
Página 22: 1. botas de esqui, 2. jornal, 3. cartas, 4. boneco de neve, 5. óculos de sol, 6. neve, 7. luvas, 8. trenó, 9. montanha, 10. esquis, 11. xadrez, 12. esquiador, 13. bastões de esqui, 14. jipe, 15. lareira.
Página 23: *No refúgio:* bar, balcão, lareira, cadeira. *No exterior:* teleférico, montanha, neve, boneco de neve. *Animais*: corvo, águia, esquilo, cão S. Bernardo. *Jogos*: xadrez, dados, damas, cartas.
Página 26: tigela, cesto, cachorro, corrente, açaimo, coleira, casota, dono, cão, escova.
Página 27: Os papagaios não ladram!
Página 28: catatua, tartaruga, canário, hamster, cobra, cão, pato, macaco, pássaro, cágado, papagaio, coelho, piriquito, gato, gatinho, cachorro, peixe, gaiola, aquário, casota, cesto.
Página 29: A Joana tem um gato. O João tem um cão. O Paulo tem um papagaio. A Lena tem uma catatua.
Página 32: Na casa de banho, no quarto, na sala de estar, na cozinha, no telhado, na varanda, no jardim, na garagem.
Página 33: Num mundo que se faz deserto temos sede de encontrar um amigo.
Página 34: 1. poltrona, 2. garfo, 3. torradeira, 4. prato, 5. chaleira, 6. colher de chá, 7. tigela, 8 candeeiro, 9. televisão, 10. pires, 11. colher, 12. sofá, 13. chávena, 14. faca, 15. gira-discos.
Página 35: *Casa:* porta, telhado, janela, chaminé. *Jardim*: banco, cão, relva, carro. *Cozinha*: frigorífico, forno, lava-loiças, garfo. *Sala de estar*: poltrona, carpete, quadro, sofá.
Página 38: 1. frasco, 2. jarro, 3. prato, 4. panela, 5. frigideira, 6. tampa, 7. chávena, 8. garrafa, 9. copo, 10. colher, 11. garfo, 12. faca, 13. colher de chá, 14. torradeira, 15. chaleira, 16. copo misturador: * congelador
Página 39: 1. não, 2. sim, 3. sim, 4. sim, 5. não, 6. sim, 7. não, 8. sim, 9. não, 10. sim, 11. não.
Página 40: A. saca-rolhas, B. copo, C. faca, D. panela, E. prato. / Mel, peixe, cenouras, queijo.
Página 41: 1. saca-rolhas, 2. copo, 3. frigideira, 4. faca, 5. forno, 6. frigorífico, 7. espremedor, 8. torradeira, 9. chaleira, 10. garfo, 11. tesoura, 12. ferro, 13. fogão.
Página 44: peixe, queijo, batatas, alface, cenouras, tulipa, salsichas, pêras, cravos, maçãs.
Página 45: *Flores:* cravo, margarida, tulipa, rosa. *Fruta*: bananas, cerejas, laranjas, morangos. *Vegetais:* feijão verde, alface, batatas, tomates. *Lojas:* talho, peixaria, florista, frutaria.
Página 46: * Comer fruta faz bem à saúde!
Página 47: 1. alface, 2. feijão verde, 3. margarida, 4. batata, 5. cerejas, 6. cravo, 7. cenoura, 8. tulipa, 9. balança, 10. peixe, 11. queijo, 12. carne, 13. rosa, 14. maçã, 15. pêra.
Página 50: 1. Para ir para a escola apanho o metro. 2. Vamos ao cinema. Há um bom filme. 3. Faço sempre as minhas compras no supermercado. 4. Ao domingo comemos num restaurante. 5. A casa do João é perto do

parque. 6. O Luís vai ter comigo em frente à igreja. 7. Há uma fonte em frente do Banco.
Página 51: Coimbra.
Página 52: O João está na escola. A Maria e o João estão num restaurante. O Paulo e a Júlia estão no supermercado. A Ana está em casa. O Luís, o Zé e a Rita estão no cinema. Há um ladrão no Banco. O extra-terrestre está nos correios. O Pedro está numa loja. O Sr. Silva está na sua fábrica
Página 53: 1. castelo, 2. cinema, 3. hospital, 4. banco, 5. correios, 6. casa, 7. rua, 8. monumento, 9. candeeiro, 10. mercado, 11. igreja, 12. praça, 13. torre, 14. fábrica, 15. fonte.
Página 56: 1. falso, 2. verdadeiro, 3. verdadeiro, 4. falso, 5. verdadeiro, 6. verdadeiro, 7. falso, 8. verdadeiro, 9. verdadeiro, 10. falso, 11. verdadeiro, 12. verdadeiro.
Página 57: 1. motocicleta, 2. furgoneta, 3. camioneta, 4. camião com atrelado, 5. tractor, 6. caravana, 7. autocarro, 8. jipe, 9. roulotte, 10. automóvel, 11. ambulância, 12. táxi, 13. autotanque, 14. bicicleta, 15. carro de bombeiros.
Página 58: 1. bombeiros, 2. semáforo, 3. capacete de protecção, 4. roulotte, 5. ambulância, 6. estação de serviço, 7. curva, 8. passadeira de peões, 9. polícia, 10. polícia sinaleiro, 11. túnel, 12. táxi.
Página 59: "Fala agente XYZ sigo uma motorizada vermelha que segue um automóvel azul que segue uma furgoneta verde e um autocarro amarelo segue-me."
Página 62: 1. i, 2. m, 3. c, 4. h, 5. l, 6. e, 7. j, 8. b, 9. g, 10. a, 11 .f, 12. n, 13. k, 14. d, 15. o.
Página 63: 1. dona de casa, 2. mecânico, 3. agricultor, 4. cozinheiro, 5. barbeiro, 6. carteiro, 7. cabeleireira, 8. veterinário, 9. empregado de mesa, 10. engenheiro, 11. gasolineiro, 12. médico, 13. bombeiro, 14. secretária, 15. motorista.
Página 64: * A ociosidade é a mãe dos vícios.
Página 65: 1. o mecânico, 2. o bombeiro, 3. o dentista, 4. o veterinário, 5. o canalizador, 6. a modista, 7. o médico, 8. o barbeiro.
Página 68: * Coleccionar autocolantes
Página 69: A Joana está a jogar ténis. O Rui está a ler. O Jorge está a esquiar. O Carlos está a nadar. O João está a andar de bicicleta. A Catarina está a patinar. A Isabel está a fazer malha. O André está a tocar flauta. O José está a pintar.
Página 70: 1. verdadeiro, 2. verdadeiro, 3. verdadeiro, 4. falso, 5. verdadeiro, 6. falso, 7. verdadeiro, 8. falso, 9. falso, 10. verdadeiro, 11. verdadeiro, 12. verdadeiro.
Página 71: Estar com os amigos é uma boa maneira de passar o tempo livre.
Página 74: corta-relva, sementes, plantas, fruto, pássaro, violeta, cancela, folhas, rosa, enxada, regador, terra, pá, ramo.
Página 75: 1. sebe, 2. flores, 3. banco, 4. sementes, 5. escada, 6. plantas, 7. abelha, 8. tronco, 9. ninho, 10. jardim, 11. erva, 12. ramo, 13. escada, 14. raízes, 15. formiga./ * Ela está no jardim.
Página 76: A7, B3, C1, D6, E4, F2, G8, H5.
Página 77: *Utensílios*: forquilha, corta–relva, enxada, ancinho, pá. *Flores*: margarida, gerânio, rosa, túlipa, violeta. *Jardim*: banco, erva, relvado, arbustos, árvore. *Animais*: formiga, abelha, pássaro, lagarta, minhoca.
Página 80: 1. avô, 2. prima, 3. tia, 4. irmão, 5. tio, 6. avó, 7. primo, 8. irmã, 9. pai, 10. mãe, 11 . meninos. * Maria
Página 81: * Gosto de fazer anos!
Página 82: 1. bolachas, 2. sandes, 3. laranjas, 4. rebuçados, 5. chocolate, 6. tarte, 7. bananas, 8. bebidas, 9. gelado, 10. bolo.
Página 83: O Roberto é o meu pai. A Margarida é a minha mãe. O Jorge é meu primo. A Joana é minha avó. O Francisco é meu avô. O António é meu tio. A Isabel é minha prima. O Paulo é meu irmão. A Guida é minha irmã. A Liliana é minha tia.
Página 86: * Feliz Natal
Página 87: A4, B5, C1, D3, E2
Página 88: harpa, altifalantes, microfone, nota, corneta – Harmónica
Página 89: Bem, meninos, os instrumentos estão afinados e estamos prontos para o nosso concerto.
Página 92: 1. falso, 2. verdadeiro, 3. falso, 4. falso, 5. falso, 6. falso, 7. falso, 8. verdadeiro, 9. falso, 10. falso, 11. falso, 12. falso.
Página 93: 1. Joana, 2. Francisco, 3. Ana, 4. Isabel, 5. Carlos, 6. Luís, 7. Manuel, 8. Catarina.
Página 94: 1. botas, 2. gabardina, 3. cachecol, 4. luvas, 5. camisola.
Página 95: 1. jeans, 2. meias, 3. blusa, 4. camisa, 5. vestido, 6. gravata, 7. roupão, 8. fato, 9. casaco, 10. camisola, 11. gabardina, 12. cachecol, 13. saia, 14. calças, 15. pijama, 16. chapéu, 17. mala, 18. peúgas, 19. luvas, 20. anoraque, 21. cinto, 22. lenço.